E++3   JD

W9-BUN-623

E++3   JD

Sher 17

L'exploration de l'espace

Texte de
Cynthia Pratt Nicolson

Illustrations de
Bill Slavin

Texte français de
Lucie Duchesne
en collaboration avec Ève Christian, météorologue

Les éditions Scholastic

À Donald

Remerciements

Je remercie les nombreux scientifiques qui ont donné de leur temps et m'ont offert leur expertise pour la série Destination Univers. Leur enthousiasme contagieux a renforcé mon propre émerveillement devant l'immensité de l'espace et les efforts des humains pour l'explorer. Je tiens donc à remercier Ellis Miner, Ph. D., de la NASA pour ses conseils judicieux au moment de la rédaction de cet album. Je prends la responsabilité de toute erreur qui aurait pu se glisser dans le livre. Je veux aussi remercier Jurrie van der Woude du Jet Propulsion Laboratory de la NASA et James Hartsfield du Johnson Space Center pour l'aide qu'ils m'ont apportée.

Également, je remercie Valerie Hussey de Kids Can Press, qui m'a donné la possibilité d'écrire sur ce sujet fascinant, ainsi que Lori Burwash, Laura Ellis et Val Wyatt pour leur travail de révision. Les merveilleuses illustrations de Bill Slavin ajoutent une touche unique à cette série. Merci, Bill! Enfin, je tiens à souligner l'intérêt et l'appui dont ont fait preuve ma famille et mes amis.

Données de catalogage avant publication (Canada)

Nicolson, Cynthia Pratt
  L'exploration de l'espace

(Destination univers)
Traduction de : Exploring space
ISBN 0-439-98537-4

Astronautique — Ouvrages pour la jeunesse. 2. Espace extra-atmosphérique —
Exploration — Ouvrages pour la jeunesse. I. Slavin, Bill. II. Duchesne, Lucie.
III. Christian, Eve. IV. Titre. V. Collection.

TL793.N5214 2000   j629.4   C00-930772-9

Conception graphique de Marie Bartholomew et Esperança Melo

Édition publiée par Les éditions Scholastic, 175 Hillmount Road, Markham (Ontario) L6C 1Z7,
avec la permission de Kids Can Press Ltd.

5 4 3 2 1   Imprimé à Hong-Kong   0 1 2 3 4 / 0

Table des matières

À la recherche de l'espace

L'espace est fascinant. Il est plus grand que ce que
tu peux imaginer et il contient plus d'étoiles que tu ne pourras
jamais en compter. Depuis des siècles, les humains contemplent
le ciel et se demandent : « Qu'est-ce qu'il y a, là-haut? »
Il y a longtemps, ils inventaient des légendes pour expliquer
ce qu'ils voyaient dans le ciel.

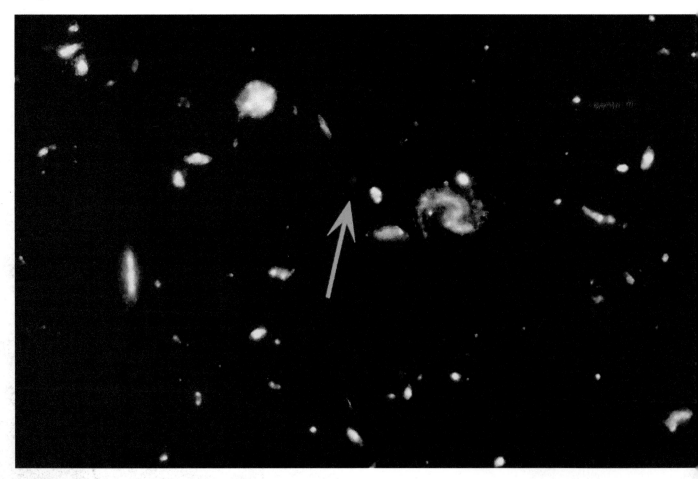

Le télescope spatial Hubble a pris cette photo de l'espace lointain. Chaque tache de lumière
contient des millions d'étoiles. La flèche indique une faible lueur qui, croit-on, serait la galaxie la
plus lointaine jamais aperçue.

L'histoire des débuts de l'espace

Les Cahtos du nord de la Californie expliquaient ainsi comment le Soleil, la Lune et les étoiles sont nés.

Un jour, à son réveil, Coyote s'aperçut que tout était noir. Le Soleil était prisonnier dans la maison d'une vieille femme.

— Je dois ramener la lumière, dit Coyote.

— Nous allons t'aider, couinèrent trois souris qui n'étaient pas loin.

Coyote mit une couverture sur sa tête et s'approcha de la maison de la femme. Les souris le suivirent.

— Je suis un pauvre voyageur fatigué, dit Coyote à la femme. S'il vous plaît, donnez-moi un endroit pour dormir.

Charmée par la douce voix de Coyote, la vieille femme le laissa entrer. Coyote se mit à chanter une berceuse et, en quelques instants, la femme tomba profondément endormie. Coyote regarda autour de lui et trouva le Soleil couché dans un coin. Il était caché sous une couverture et attaché par des lanières de cuir.

— Nous allons nous en occuper, dirent les souris qui grignotèrent les lanières pour les défaire.

Alors Coyote prit le Soleil et courut dehors. Puis, il tailla la boule brillante en morceaux.

Coyote saisit une lanière de cuir en guise de fronde et il envoya dans le ciel beaucoup de petits morceaux de Soleil, qui devinrent des étoiles. Il prit un plus gros morceau pour faire la Lune. Ce qui resta devint le Soleil que nous voyons aujourd'hui. Les gens étaient si heureux de voir le magnifique ciel brillant, celui que Coyote avait créé, qu'ils lui offrirent de nombreux présents et lui promirent de raconter son histoire de génération en génération.

Si tu vois un mot que tu ne comprends pas, consulte le glossaire à la page 39.

5

Comment les gens ont-ils commencé à comprendre l'espace?

Au début, les gens qui observaient le ciel suivaient les mouvements du Soleil, de la Lune, des étoiles et des planètes visibles à l'œil nu : Mercure, Vénus, Mars, Jupiter et Saturne. Ils ont appris à prédire les saisons et les phases de la Lune. C'est ainsi qu'ils ont créé les calendriers.

Bien que les humains aient depuis longtemps appris beaucoup de choses sur le ciel, ils se faisaient des idées parfois fausses. La plupart croyaient que le Soleil et les planètes tournaient autour de la Terre. Dans la Grèce antique, on pensait que le Soleil, la Lune, les planètes et les étoiles étaient à l'intérieur de sphères de verre insérées les unes dans les autres.

En 1543, Copernic, un astronome polonais, a écrit que toutes les planètes, y compris la Terre, faisaient le tour du Soleil. À l'époque, très peu de gens l'ont cru.

Où se situe l'espace?

L'espace commence à environ 120 km au-dessus de la surface de la Terre. C'est là que l'atmosphère, une couche de gaz qui entoure la Terre, devient très mince. Si tu pouvais aller en auto directement dans le ciel à 100 km/h, tu atteindrais l'espace en moins de deux heures.

UNE EXPÉRIENCE
Crée une constellation

Dans l'antiquité, lorsque les gens regardaient le ciel, ils y voyaient des dessins d'animaux, de dieux et de personnes, créés par les étoiles. Chaque groupe d'étoiles était appelé constellation. Tu peux créer tes propres constellations et tes légendes.

Il te faut :
- une petite barquette de styromousse (un contenant de viande)
- un couteau de dessinateur (demande l'aide d'un adulte pour l'utiliser)
- une nuit sans nuages
- un endroit éloigné des lumières de la ville
- une vieille couverture ou une chaise inclinable de jardin

1. Fabrique un cadre d'observation des étoiles en taillant un carré au centre de la barquette. Le trou devrait être d'environ 10 cm de côté.

2. Va dehors et installe-toi confortablement pour observer le ciel.

3. Utilise ton cadre pour observer différents groupes d'étoiles. Lorsque tu trouves un groupe qui t'intéresse, imagine la forme qu'il représente. Est-ce qu'il te fait penser à une personne? À un animal? À un personnage de bande dessinée?

4. Donne un nom à ta constellation et invente une histoire sur la façon dont elle est apparue dans le ciel.

Les 88 constellations reconnues par les astronomes de l'ère moderne avaient été nommées par des gens, il y a très très longtemps.

Qui a inventé le télescope?

En 1608, Hans Lippershey, un fabricant de lunettes néerlandais, a construit le premier télescope. Son appareil, composé de deux lentilles soutenues par un tube cylindrique, a été amélioré par Galilée, un scientifique italien.

Avec son nouveau télescope, Galilée a découvert quatre lunes en orbite autour de Jupiter. Cette découverte l'a convaincu que la Terre n'était pas le centre de l'univers. Ces idées ont choqué les gens puissants de l'époque, qui ont condamné Galilée à rester enfermé chez lui pendant les dernières années de sa vie.

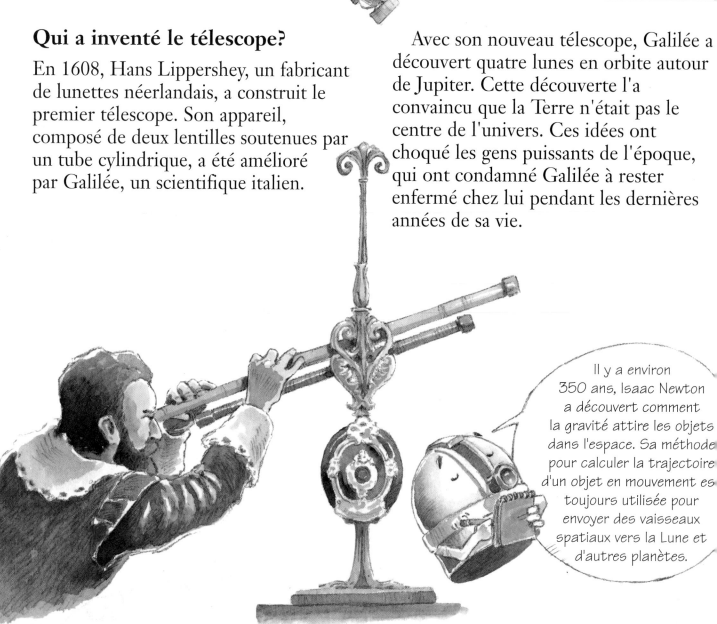

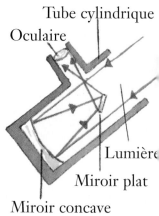

Il y a environ 350 ans, Isaac Newton a découvert comment la gravité attire les objets dans l'espace. Sa méthode pour calculer la trajectoire d'un objet en mouvement es toujours utilisée pour envoyer des vaisseaux spatiaux vers la Lune et d'autres planètes.

Comment fonctionnent les télescopes?

Les télescopes font dévier la lumière pour faire paraître les objets plus rapprochés. Dans un télescope réfracteur, une lentille convexe fait converger la lumière, et l'oculaire grossit l'image. Dans un télescope réflecteur, un miroir concave fait converger la lumière sur un miroir plat qui reflète l'image jusqu'à l'oculaire.

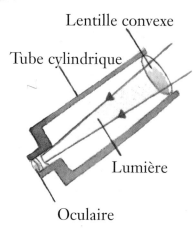

Lentille convexe

Tube cylindrique

Lumière

Oculaire

Télescope réfracteur

Tube cylindrique

Oculaire

Lumière

Miroir plat

Miroir concave

Télescope réflecteur

DONNÉES SUR L'ESPACE

Certaines des plus anciennes observations du ciel ont été gravées sur des tablettes d'argile par les Akkadiens, qui vivaient il y a environ 4 500 ans, à l'endroit appelé aujourd'hui le Moyen-Orient.

Avec des jumelles puissantes, tu peux observer tout ce que Galilée voyait avec le télescope qu'il avait fabriqué.

Les premiers Polynésiens se guidaient sur les étoiles pour leurs voyages d'une île à l'autre, dans l'océan Pacifique.

Le premier astéroïde a été découvert en 1801 par un moine italien, Giuseppe Piazzi.

Qu'est-ce que les télescopes révèlent sur l'espace?

Les télescopes ont permis aux astronomes d'observer l'espace beaucoup plus loin qu'auparavant. En 1781, en Angleterre, l'astronome William Herschel a découvert la planète Uranus. En 1846, deux astronomes de l'Observatoire de Berlin ont dirigé leur télescope vers un endroit où d'autres avaient prédit qu'une nouvelle planète serait située et ils ont découvert Neptune. La dernière planète de notre système solaire à être découverte s'appelle Pluton. Elle a été trouvée en 1930 par Clyde Tombaugh, à l'Observatoire de Lowell, en Arizona.

Les télescopes ont aussi permis aux gens de mieux comprendre les étoiles. En 1923, les astronomes ont découvert que de nombreuses taches de lumière dans le ciel n'étaient pas du tout de simples étoiles, mais plutôt d'énormes groupes d'étoiles appelés galaxies.

Qu'avons-nous appris sur notre galaxie?

Nous vivons dans une galaxie appelée Voie lactée. Elle contient environ 200 milliards d'étoiles comme notre Soleil. Ces étoiles forment une immense spirale en orbite dans l'espace.

Avant le XXe siècle, les gens croyaient que le Soleil était le centre de la Voie lactée. En 1920, les astronomes ont compris que notre système solaire était seulement une infime partie d'un des bras de la Voie lactée. L'ancienne croyance que la Terre était le centre de l'univers était à jamais révolue.

La bande lumineuse blanchâtre que l'on voit la nuit dans le ciel, quand on observe notre galaxie, porte aussi le nom de Voie lactée.

Notre système solaire

Le Soleil
Mercure
La Terre
Vénus
Mars
Jupiter
Saturne
Uranus
Neptune
Pluton

UNE EXPÉRIENCE
Crée une galaxie en spirale

Notre galaxie, la Voie lactée, tourne sur elle-même sans s'arrêter. Ce mouvement de rotation a peut-être produit sa forme de spirale. Dans cette expérience, tu pourras observer la création d'une spirale en rotation.

Il te faut :
- une tasse de café noir
- une cuillère
- de la crème

1. Remue le café plusieurs fois dans une direction. Il devrait continuer à tourner après que tu retires la cuillère.

2. Verse lentement une petite quantité de crème dans le café, sans brasser.

3. Observe la crème qui tourne dans le café. Imagine que tu es un voyageur de l'espace observant la Voie lactée à partir d'une galaxie très éloignée. Peux-tu imaginer notre Soleil dans un des bras de la spirale?

Nous vivons dans le bras d'Orion de la Voie lactée. Il faut à notre système solaire environ 240 millions d'années pour effectuer une rotation complète avec le reste de la galaxie.

Bras d'Orion   Soleil

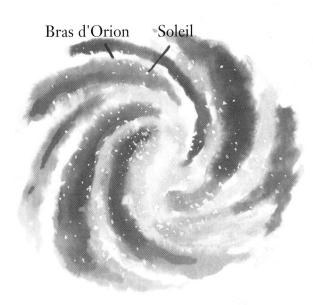

Trois, deux, un... décollage!

As-tu déjà eu envie de savoir ce qu'il y avait
dans un cadeau emballé? Depuis des siècles, les gens ont montré
la même curiosité au sujet de l'espace. Longtemps avant l'ère
des fusées et des vaisseaux spatiaux, les humains rêvaient
d'aller dans l'espace pour en explorer ses mystères.

Un astronaute de l'antiquité

Ce voyage téméraire dans l'espace est une légende connue de la mythologie grecque.

Icare avait été emprisonné avec son père, Dédale. Il leur semblait impossible de s'évader, jusqu'à ce que Dédale ait une idée.

— Nous nous envolerons d'ici, dit-il à son jeune fils.

Icare n'y croyait pas, mais il aida son père à rassembler les plumes des oiseaux qui se posaient sur le toit de la prison. Il observa Dédale qui plaçait les plumes en rangées et les fixait avec des gouttes de cire chaude. Lorsque la cire eut durci, Dédale attacha les rangées de plumes à une armature de bois. Il avait créé deux paires d'énormes ailes, pour lui et Icare.

— Fixe-les ainsi, expliqua Dédale à Icare, et agite doucement tes bras.

Au début, Icare était tellement excité qu'il agitait ses bras maladroitement. Ensuite, il apprit à contrôler ses mouvements. En peu de temps, il réussit à voler derrière son père.

Mais Icare refusait de voler calmement. Il piquait vers l'océan et remontait comme une flèche dans le ciel. Chaque fois, il allait plus haut.

— Je vais atteindre le Soleil! cria-t-il à son père.

— Non, Icare! Reviens! ordonna Dédale.

Mais c'était trop tard. Dès qu'Icare s'approcha du Soleil, les plumes commencèrent à tomber de ses ailes. Le Soleil avait fait fondre la cire qui retenait les plumes aux ailes. Icare sombra alors dans l'océan et on ne le revit plus jamais.

Quand a-t-on inventé les fusées?

Les fusées ont été inventées en Chine, il y a des centaines d'années. Elles étaient propulsées par de la poudre à fusil, et servaient à lancer des feux d'artifice et des armes. En 1903, le scientifique russe Konstantin Tsiolkovski émit l'hypothèse d'utiliser les fusées pour explorer l'espace. Mais les fusées à combustible solide n'étaient pas assez puissantes pour se rendre au-delà de l'atmosphère terrestre.

Le chercheur américain Robert Goddard fit plusieurs expériences avec divers modèles et combustibles, y compris du combustible liquide plus puissant. En 1926, il envoya la première fusée à combustible liquide à une courte distance à travers un champ. Goddard continua à raffiner ses premières conceptions, et ses idées sont toujours utilisées dans la construction des fusées.

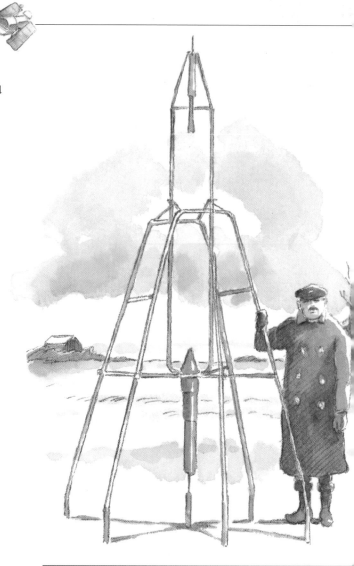

Comment fonctionnent les fusées?

Le combustible qui brûle produit des gaz chauds qui s'échappent de l'arrière de la fusée et la propulsent vers le haut. Comme les fusées utilisent beaucoup de combustible, elles sont construites en sections, ou étages. Chaque étage se détache lorsqu'il a épuisé son combustible. Ainsi, le vaisseau devenu plus léger peut entrer en orbite ou se lancer dans l'espace.

Les moteurs d'un avion à réaction utilisent l'oxygène de l'air. Comme il n'y a pas d'air dans l'espace, les moteurs des fusées doivent transporter leurs propres réserves d'oxygène.

Une fusée *Saturn V* lance *Apollo 11* pour son voyage vers la Lune.

UNE EXPÉRIENCE
Fabrique une fusée-ballon à deux étages

Il te faut :
- un gobelet de papier ou de styromousse
- des ciseaux
- un ballon allongé
- un ballon rond

1. Avec les ciseaux, retire le fond du gobelet.

2. Gonfle le ballon allongé, mais pas au complet. Ne noue pas l'ouverture, mais tiens-la serrée.

3. Fais passer le ballon allongé dans le gobelet et fais-le sortir de l'autre côté. Replie l'ouverture du ballon par-dessus le côté du gobelet et maintiens-la fermement pour que l'air ne s'échappe pas.

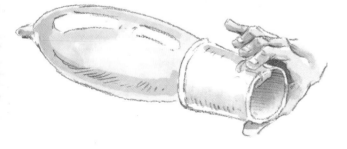

4. Pousse le ballon rond à travers le fond du gobelet, là où tu tiens l'ouverture du ballon allongé. Laisse l'ouverture du ballon allongé sortir du fond du gobelet.

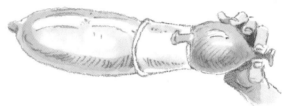

5. Gonfle le ballon rond et tiens-le bien serré sans le nouer.

6. Pour lancer ta fusée, relâche le ballon rond.

Les ballons fonctionnent comme des moteurs de fusée, expulsant leur charge vers l'arrière lorsque les gaz s'en échappent. (Le combustible des ballons est l'air que tu y as soufflé.) Le ballon rond lance le gobelet, comme le fait le premier étage d'une vraie fusée. Lorsqu'il est vide, le ballon allongé prend la relève, comme le deuxième étage d'une fusée.

Quel a été le premier objet envoyé dans l'espace?

Le premier objet lancé dans l'espace est *Spoutnik 1*, une sphère argentée de la grosseur d'un gros ballon de plage. *Spoutnik* a été lancé en Russie (qui faisait alors partie de l'ex-Union soviétique) le 4 octobre 1957. Il envoyait un signal radio capté sur Terre. Ce premier satellite artificiel est resté en orbite pendant 92 jours; il est ensuite revenu dans l'atmosphère terrestre et s'est consumé.

Un satellite est tout objet qui est en orbite autour d'un autre dans l'espace. La Lune est le satellite naturel de la Terre. Spoutnik et les autres inventions humaines du même type sont des satellites artificiels.

Que font les satellites?

Depuis les années 60, des centaines de satellites artificiels ont été lancés en orbite. Ils recueillent des signaux en provenance de la Terre et de l'espace, et les reflètent sur des antennes paraboliques au sol. Grâce aux signaux satellites, les pilotes d'avion et les capitaines de bateaux peuvent naviguer de façon plus exacte. Les astronomes peuvent en apprendre davantage au sujet de l'espace, et d'autres scientifiques peuvent observer le temps, les incendies de forêt ou la pollution. Les satellites transmettent aussi les appels interurbains et les émissions de radio. Certains transmettent même le signal de tes émissions de télé préférées.

Le satellite canadien RADARSAT observe la Terre à partir de l'espace. Il suit les changements de l'environnement.

UNE EXPÉRIENCE

Observe les satellites dans le ciel nocturne

Il te faut :

- une nuit sans nuages, juste après le crépuscule
- une couverture pour t'étendre

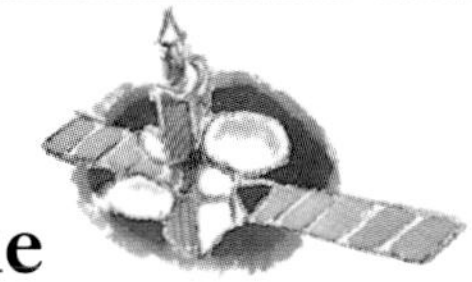

1. Installe-toi bien à l'horizontale pour regarder le ciel au-dessus de toi. Cherche une petite tache qui ressemble à une étoile, mais qui prend environ une minute pour traverser le ciel. C'est un satellite en orbite autour de la Terre. (Un avion semblerait se déplacer beaucoup plus lentement.)

2. Cherche un satellite qui disparaît graduellement de ta vue. Il se déplace de la lumière du Soleil vers l'ombre de la Terre.

3. Tu pourrais aussi voir un satellite qui semble scintiller pendant son trajet. C'est probablement un satellite qui tourne sur lui-même et qui a seulement un côté brillant (l'autre étant sombre).

Tu apercevras plus de satellites en été qu'en hiver, parce qu'ils luisent lorsque le Soleil frappe leur surface brillante. En été, la partie où tu habites sur la Terre est légèrement inclinée vers le Soleil. Pendant les premières heures de la soirée, les satellites peuvent encore capter et refléter les rayons du Soleil.

Pour de plus amples informations sur les satellites et leur observation, visite les sites Internet ci-dessous.
En anglais :
http://liftoff.msfc.nasa.gov/academy/rocket_sci/satellites
En français :
http://www.space.gc.ca/iss/fr/canastronauts

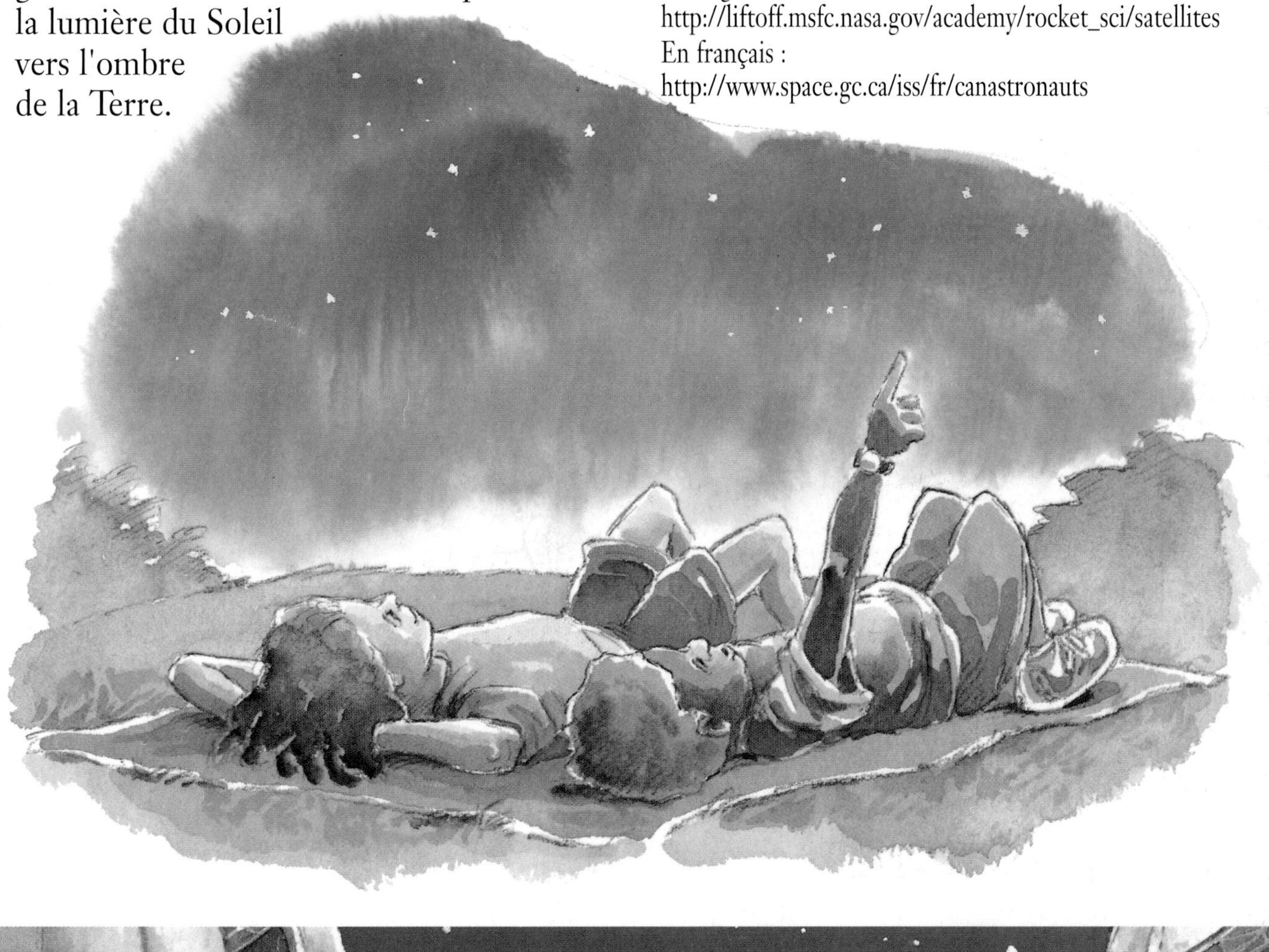

En Russie, une personne qui voyage dans l'espace s'appelle un « cosmonaute ».

Qui a été la première personne à aller dans l'espace?

Le 12 avril 1961, le major Youri Gagarine de l'ex-Union soviétique a été le premier humain à voler dans l'espace. Le vaisseau de Gagarine, *Vostok 1*, a parcouru une fois le tour de la Terre.

Qui a été la première personne à marcher sur la Lune?

Le 20 juillet 1969, l'Américain Neil Armstrong est devenu la première personne à marcher sur la Lune.

Armstrong a volé vers la Lune à bord d'*Apollo 11*, avec Michael Collins et Buzz Aldrin. Pendant que Collins restait à bord du vaisseau, Armstrong et Aldrin sont descendus sur la surface de la Lune dans le module lunaire. Ils y ont planté un drapeau américain et ont recueilli des roches et de la poussière lunaires. Ils ont ensuite rejoint Collins, et sont revenus sur la Terre, sans problème, le 24 juillet.

En 1957, une chienne russe appelée Laïka a été le premier être vivant lancé dans l'espace. Laïka n'a pas survécu à son voyage.

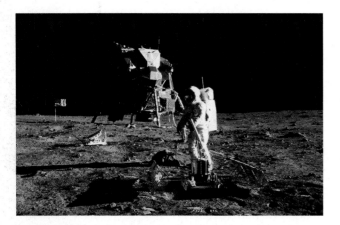

L'astronaute Neil Armstrong a pris cette photo de Buzz Aldrin et du module lunaire, sur la surface de la Lune.

Un astronaute explore la Lune, de la jeep lunaire, pendant la mission *Apollo 17*.

UNE EXPÉRIENCE
Mesure ta force sur la Lune

Il te faut :
- 6 livres*
- 6 boîtes de conserve*
- 6 chaussures*
- une grosse boîte de carton

Pour chaque catégorie, utilise des articles de même grandeur.

1. Place tous les articles dans la boîte.

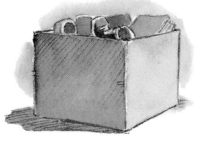

2. Pour soulever la boîte, accroupis-toi, saisis la boîte et redresse-toi ensuite avec tes jambes. (Cela protégera ton dos.) Remarque le poids de la boîte.

3. Retire cinq articles de chaque catégorie : laisse seulement un livre, une boîte de conserve et une chaussure dans la boîte.

4. Imagine que tu es sur la Lune et que la boîte contient toujours tous les articles. Soulève de nouveau la boîte. La trouves-tu plus légère?

Comme la masse de la Lune est six fois moins importante que celle de la Terre, sa force d'attraction (la gravité) est six fois moindre. Cela signifie que, sur la Lune, les objets pèsent six fois moins que sur la Terre. Autrement dit, il est six fois plus facile de soulever un objet sur la Lune que sur la Terre.

Un défi spatial : quel serait ton poids sur la Lune? (Réponse à la page 39.)

Comment les astronautes se préparent-ils pour aller dans l'espace?

Les astronautes suivent un entraînement rigoureux. Ils font de l'exercice tous les jours. De plus, ils apprennent tout sur leur vaisseau spatial et les expériences à effectuer pendant leur mission.

Pour expérimenter la vie en quasi-apesanteur, les astronautes de la NASA enfilent des combinaisons spatiales et entrent dans un énorme réservoir rempli d'eau. Ils font aussi de courts vols dans un avion spécial qui s'élève et redescend brusquement, créant de brefs moments d'apesanteur. Les astronautes appellent cet avion la « comète des nausées ».

La formation sous l'eau aide les astronautes à se préparer pour leur mission.

Pourquoi les astronautes se sentent-ils en état d'apesanteur?

Les astronautes flottent littéralement dans leur vaisseau en orbite autour de la Terre, tout comme les objets à bord, qui ne sont pas fixés aux parois intérieures. L'apesanteur, ou microgravité, se produit parce que le vaisseau spatial est continuellement en train de tomber vers la Terre, tout en s'en éloignant à grande vitesse. Les scientifiques disent que ce phénomène est attribuable au fait que le vaisseau est en « chute libre ».

Tu peux ressentir brièvement l'effet d'apesanteur lorsque tu es dans un ascenseur qui descend rapidement. Comprends-tu pourquoi certains astronautes ont la nausée pendant leurs premiers jours dans l'espace?

Comment sont vêtus les astronautes?

À l'intérieur du vaisseau, les astronautes portent des chemises et des pantalons avec beaucoup de poches. À l'extérieur, ils ont besoin de combinaisons spatiales qui leur fournissent l'oxygène, la pressurisation et une protection contre les rayons nocifs du Soleil. Au décollage et au retour, ils portent des combinaisons à « pression partielle », en cas d'urgence.

Le casque protège l'astronaute contre les micrométéorites (particules de poussière et de roche dans l'espace) et les rayons du Soleil. À l'intérieur du casque, ils portent un sous-casque muni d'écouteurs.

Des roulements à billes d'acier, dans les articulations de la combinaison, permettent une grande liberté de mouvement.

Le système de survie fournit l'oxygène et la pressurisation. Il fait circuler un liquide refroidissant, par des tuyaux de plastique, dans la sous-combinaison.

Le MMU — manned maneuvering unit ou fauteuil spatial — est un système de propulsion autonome qui permet à l'astronaute de voler à l'extérieur du vaisseau. L'astronaute peut avancer, reculer, et tourner ou rouler sur lui-même.

Le dispositif de contrôle permet à l'astronaute de vérifier si la combinaison fonctionne bien.

Des gants moulés protègent les mains de l'astronaute et peuvent être équipés d'outils spéciaux.

21

Qu'est-ce qu'une navette spatiale?

Une navette spatiale est un vaisseau réutilisable. Elle fonctionne comme un vaisseau et un avion combinés, et transporte les astronautes en orbite autour de la Terre. (Les navettes ne peuvent pas être utilisées pour de plus longs voyages, comme ceux vers la Lune.) Lorsqu'elle atterrit, la navette glisse sur une piste.

Columbia a été la première navette spatiale à être lancée, en avril 1981.

Toutes fusées en action, la navette *Columbia* décolle de la plate-forme de lancement.

Qu'est-ce qu'une station spatiale?

Une station spatiale est un laboratoire dans l'espace, où les astronautes peuvent vivre et travailler pendant plusieurs mois. La première station spatiale a été lancée par l'ex-Union soviétique en 1971. En 1998, plusieurs pays ont commencé la construction de la Station spatiale internationale. Lorsqu'elle sera terminée, ce sera un laboratoire à la fine pointe où sept astronautes pourront effectuer des expériences et observer la Terre de l'espace.

L'astronaute américaine Shannon Lucid a passé six mois dans la station spatiale russe *Mir* en 1996. On la voit ici qui flotte en apesanteur dans la station.

DONNÉES SUR L'ESPACE

Alan Shepard a été le premier Américain dans l'espace. Son vol de 15 minutes, en 1961, s'est terminé par un plongeon dans l'Atlantique.

Valentina Terechkova, de l'ex-Union soviétique, a été la première femme dans l'espace. En 1963, elle a fait 45 orbites autour de la Terre.

En 1962, John Glenn devint le premier Américain à entrer en orbite autour de la Terre. En 1998, à l'âge de 77 ans, Glenn est devenu l'astronaute le plus âgé du monde, lorsqu'il a voyagé dans l'espace à bord de la navette *Discovery*.

La plus grande catastrophe spatiale de l'histoire est survenue le 28 janvier 1986. Moins de 2 minutes après le décollage, la navette *Challenger* a explosé, tuant les sept astronautes qui étaient à bord.

L'exploration du système solaire

Comment fait-on pour explorer un endroit trop dangereux ou trop éloigné pour les humains? On envoie des robots! Au cours des 40 dernières années, des vaisseaux robotisés ont changé notre conception sur les planètes éloignées et sur d'autres parties de notre vaste système solaire.

En 1974, *Mariner 10* a pris plus de 3 000 photographies de Vénus.

Un mystère martien

Y a-t-il de la vie sur d'autres planètes? Les astronomes cherchent encore la réponse. Voici comment un astronome curieux s'est laissé tromper par ses sens.

En 1877, l'astronome italien Giovanni Schiaparelli observait Mars grâce à un gros télescope, lorsqu'il remarqua un motif de lignes droites qui se croisaient à la surface de la planète. Schiaparelli appela ces lignes « canali », ou canaux, en français. Cela donna naissance à une énorme confusion : les journaux anglais de l'époque ont mal interprété le terme et rapportaient qu'il s'agissait de « canals », des canaux construits de main de... Martien, et non de voies d'eau naturelles, « channels ».

Percival Lowell, un riche astronome américain, entendit parler de la découverte de Schiaparelli. Déterminé à voir lui aussi ces étranges canaux, Lowell fit construire un observatoire en Arizona. Il regarda dans un puissant télescope et, évidemment, vit les canaux.

Lowell se dit que des Martiens avaient construit ces canaux pour amener l'eau des calottes polaires vers leurs fermes et leurs villes. Au cours des années qui suivirent, il dressa la carte de plus de 500 canaux et écrivit un livre de la vie sur Mars.

L'idée des canaux était fascinante, mais fausse. D'autres astronomes ne pouvaient pas observer ce que Lowell avait décrit. Les récentes sondes spatiales ont rapporté des photos en gros plan de Mars. On y voit des vallées et des canyons, mais pas de canaux.

Qu'est-ce qu'une sonde spatiale?

Une sonde spatiale est un vaisseau robotisé sans membres d'équipage. Il peut aller beaucoup plus loin et rester dans l'espace beaucoup plus longtemps qu'un vaisseau habité. Une sonde spatiale est propulsée à l'énergie nucléaire ou solaire, et est contrôlée à distance à partir de la Terre, par des signaux radio.

Les sondes recueillent des données en prenant des photographies et en utilisant des radars pour mesurer les formes géographiques. Certaines recueillent des échantillons de sol et d'air. D'autres font des expériences pour détecter des signes de vie. Sans les sondes spatiales, nous en saurions beaucoup moins sur nos voisins de l'espace.

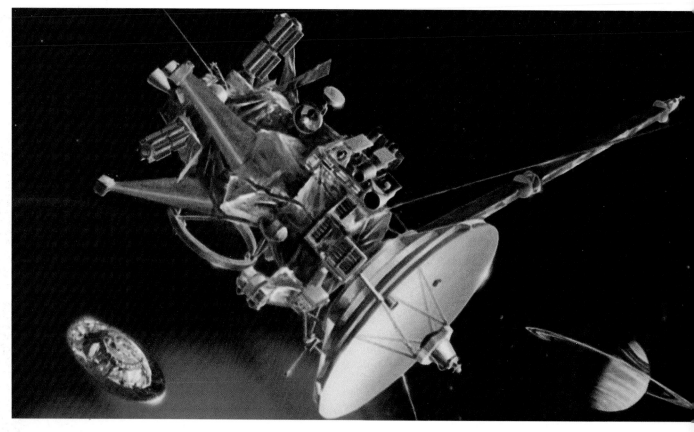

La sonde spatiale *Cassini* devrait atteindre Saturne en 2004. Elle étudiera les lunes et les anneaux de cette planète.

Comment une sonde spatiale envoie-t-elle des données vers la Terre?

Une sonde spatiale utilise des signaux radio pour envoyer des informations vers la Terre. Ces signaux sont du même format numérique que celui qu'utilisent les ordinateurs. Certains produisent des images montrant la surface d'une planète éloignée. D'autres transmettent des informations sur la température et l'atmosphère de la planète.

UNE EXPÉRIENCE
Décode un message binaire

Les sondes spatiales communiquent avec des ordinateurs en utilisant seulement deux signaux radio : marche et arrêt. Pour enregistrer ce code binaire, les scientifiques utilisent « 1 » pour « marche » et « 0 » pour « arrêt ». Résous cette énigme binaire pour observer une découverte étonnante faite par une sonde spatiale imaginaire.

> ***Il te faut :***
> ⭕ une feuille de papier quadrillé
> ⭕ un crayon

1. Sur la feuille, trace un rectangle de 9 cases horizontalement sur 13 cases verticalement.

2. En commençant par le coin supérieur gauche du rectangle, suis le code binaire indiqué ci-dessous. Remplis une case pour chaque « 1 » et passe une case pour chaque « 0 ». Lorsque tu atteins le signe « / », continue à la ligne suivante, à l'extrémité gauche. (Tu trouveras peut-être plus facile de demander à quelqu'un de te lire à haute voix les signaux, au fur et à mesure que tu remplis les cases.)

010000010/001000100/000111000/00101
0100/000101000/100010001/011101110/
000111000/000101000/011111110/10010
1001/000101000/001101100

3. Si tu as soigneusement suivi le code, ton message de l'espace formera un dessin. Que vois-tu? (Réponse à la page 39.)

Qu'est-ce que les sondes spatiales nous ont révélé sur la Lune et le Soleil?

Avant 1959, personne n'avait vu la face cachée de la Lune. Cette année-là, la sonde soviétique *Luna 3* a pris des photos de cette face cachée. On y voyait de nombreux cratères, mais pas de vastes plaines de lave solidifiée (qui forment les taches noires que nous voyons sur la face visible de la Lune).

La sonde américaine *Ulysses* a survolé le pôle Sud du Soleil en 1994, et son pôle Nord en 1995. *Ulysses* a découvert que le Soleil est entouré d'un énorme champ magnétique et que les vents solaires peuvent atteindre des vitesses incroyables de 3,2 millions de km/h.

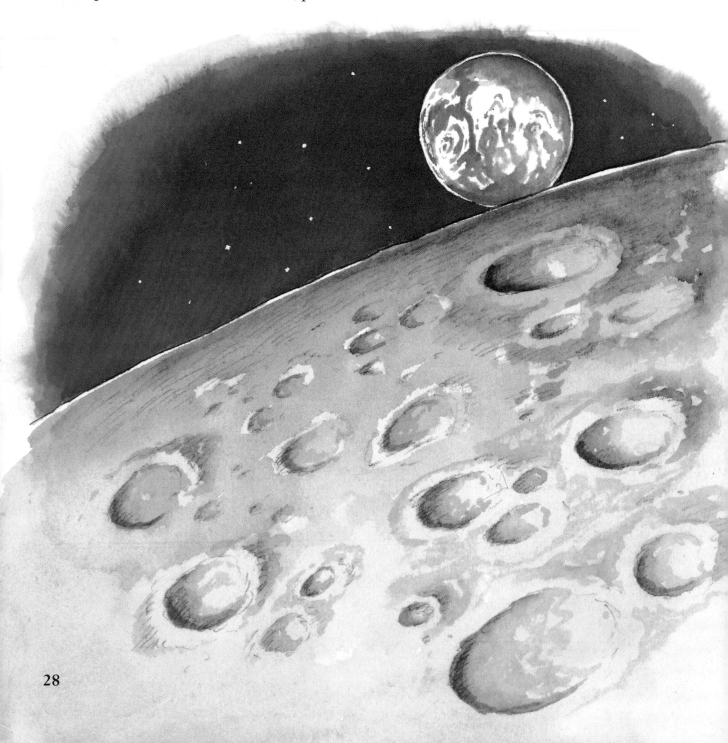

Qu'est-ce que les sondes spatiales ont découvert sur les comètes et les astéroïdes?

Lorsque la comète de Halley est réapparue en 1986, l'Union soviétique et les États-Unis ont chacun lancé une sonde pour la voir de plus près. La sonde européenne *Giotto* a photographié le noyau de la comète, un mélange grumeleux de glace et de roche d'environ 16 km de long. Des geysers de gaz et de poussière faisaient irruption du noyau de la comète de Halley, dès que les rayons du Soleil en pénétraient son noyau.

La sonde spatiale *Galileo* est passée près de l'astéroïde Ida en 1991. Les photographies montrent qu'Ida possède sa propre lune minuscule.

La sonde *Galileo* a pris cette photographie de l'astéroïde Ida et de sa mini-lune, Dactyl.

DONNÉES SUR L'ESPACE

Si tu voulais aller sur Vénus, tu devrais voyager 130 fois plus loin que les astronautes qui sont allés sur la Lune. Pour te rendre sur Pluton, ce serait encore 15 milles fois plus éloigné.

La sonde *Mars Observer* a été lancée en 1992. Au moment où elle allait entrer en orbite autour de Mars, la sonde a cessé d'envoyer des signaux. Les experts de la NASA ont essayé de prendre contact avec la sonde silencieuse, mais ils n'ont plus jamais reçu de signaux de *Mars Observer*.

Voyager 1 et *2* sont maintenant au-delà de toutes les planètes du système solaire. Elles continuent à transmettre des données sur la périphérie de notre système solaire.

Quels sont les secrets révélés sur les planètes grâce aux sondes spatiales?

Plus de 40 sondes spatiales ont réussi leur mission d'exploration des planètes de notre système solaire. Voici quelques découvertes étonnantes qu'elles nous ont permis de faire.

En 1980, *Voyager 1* et *2* sont allées explorer Saturne, la deuxième plus grosse planète. Les sondes ont montré que les larges anneaux de Saturne sont faits de centaines de minces anneaux. Elles ont aussi révélé que Saturne n'avait pas 10, mais 18 lunes.

En 1979, Jupiter, la plus grosse planète, a étonné les scientifiques. Les deux sondes *Voyager* ont révélé qu'un mince anneau entoure cette boule de gaz géante. En 1994, lorsque des débris de la comète Shoemaker-Levy 9 se sont écrasés sur Jupiter, *Galileo* a pris des photos et les a transmises sur Terre.

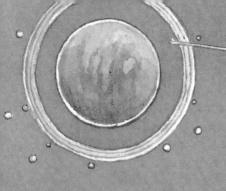

Comme Uranus est très loin de la Terre, on ne savait que peu de choses sur cette planète gazeuse bleu-vert, jusqu'à ce que *Voyager 2* s'en approche en 1986. La sonde a découvert 11 anneaux, et 10 des 17 lunes d'Uranus.

Neptune, qui est presque la jumelle d'Uranus par sa dimension, a été inspectée par *Voyager 2* en 1989. La sonde a enregistré des vents allant jusqu'à 1120 km/h, les plus élevés de toutes les planètes.

Aucune sonde spatiale n'est encore allée vers Pluton, mais la sonde *Pluto-Kuiper Express* devrait y être envoyée en 2004. Même si elle porte le nom d'« Express », il lui faudra quand même dix ans pour s'y rendre.

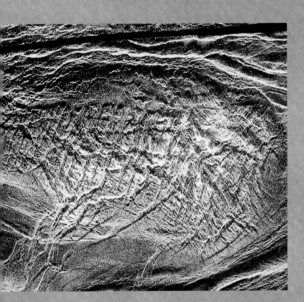

Vénus a toujours été cachée par une épaisse couche de nuages. En 1993, *Magellan* a utilisé un radar pour dresser la carte de sa surface. Les astronomes ont alors découvert un étrange paysage de volcans, de dômes rocheux et de coulées de lave.

Mars a été explorée par de nombreuses sondes, dont *Pathfinder* en 1997. Les missions ont montré qu'il y a peut-être déjà eu de l'eau sur Mars, mais aucune n'a pu prouver une forme quelconque de vie.

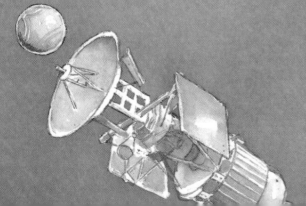

En 1974 et 1975, *Mariner 10* a exploré Mercure. Les astronomes ont découvert que la planète la plus rapprochée du Soleil est couverte de vastes cratères et de profondes fissures.

À la découverte de l'univers

La prochaine fois que tu marcheras sur une plage sablonneuse,
pense à ceci : l'univers comprend plus d'étoiles qu'il n'y a
de grains de sable sur toutes les plages de la Terre.
L'immensité de l'espace est difficile à imaginer,
mais les télescopes et les ordinateurs puissants aident
les scientifiques à comprendre l'univers.

Des astronautes réparent le télescope spatial Hubble, en 1993.

Le sauvetage d'un rêve

Le télescope spatial Hubble était le rêve de tous les astronautes. Enfin, avec un télescope placé au-dessus de l'atmosphère brumeuse de la Terre, on pouvait voir clairement dans l'espace. Mais peu après son lancement en orbite autour de la Terre, en 1990, Hubble commença à avoir des problèmes. Plutôt que de transmettre des images claires, le télescope le plus cher du monde n'envoyait que des photographies brouillées. Le rêve tournait au cauchemar!

Heureusement, les scientifiques ont trouvé la source du problème : l'un des grands miroirs du télescope ne pouvait pas focaliser la lumière. Hubble était comme quelqu'un qui a besoin de lunettes.

La NASA a formé un équipage de six hommes et une femme. Le 2 décembre 1993, les astronautes sont partis en orbite à bord de la navette *Endeavour*. Ils saisirent Hubble avec le « bras canadien » de 16 m de la navette et ont arrimé le télescope à la soute d'*Endeavour*.

Lors d'une série de marches dans l'espace, l'équipage a ajouté dix petits miroirs pour corriger la vision du télescope. Ils ont aussi remplacé les panneaux solaires, réparé le système électronique, installé un nouvel appareil photo et mis à jour l'ordinateur.

Le travail a porté fruits. Depuis la mission de réparation, Hubble a transmis des images étonnantes de notre système solaire, de la Voie lactée et d'autres galaxies dans les régions les plus éloignées de l'espace.

Le télescope spatial Hubble est retenu dans la soute de la navette.

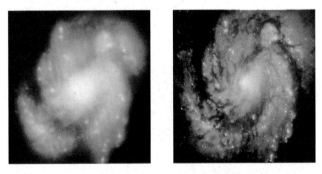

Voici comment Hubble voyait cette galaxie avant et après la mission de réparation.

Comment font les astronomes d'aujourd'hui pour étudier les étoiles?

Ils utilisent de puissants télescopes reliés à des ordinateurs et caméras. Certains télescopes sont basés sur Terre et d'autres, dans l'espace.

Les astronomes étudient la lumière visible d'une étoile (la lueur que nous pouvons voir) et son énergie invisible (les rayons X et les ondes radio). Ils apprennent de quoi est composée l'étoile, à quelle distance elle est située et à quelle vitesse elle se déplace.

Le centre de radioastronomie « Very Large Array » situé au Nouveau-Mexique, comprend une immense série de radiotélescopes.

Les observatoires sont souvent construits sur le haut des montagnes. Au-dessus du brouillard et de la pollution, les astronomes peuvent voir les étoiles plus clairement.

Qu'est-ce que nous avons appris sur l'univers?

Nous savons maintenant que l'univers contient des trillions d'étoiles. Presque toutes se trouvent dans d'énormes formations, les galaxies, qui se regroupent en amas. Les amas de galaxies forment des groupes encore plus gros appelés superamas.

En étudiant la lumière transmise par des étoiles éloignées, les astronomes ont appris que l'univers a déjà été incroyablement chaud et dense. Toute la matière et l'énergie étaient concentrées dans un espace pas plus gros qu'un grain de sable. Il y a environ 15 milliards d'années, cette petite masse a commencé à grossir et à se refroidir dans un processus appelé « big bang ». L'univers est toujours en expansion.

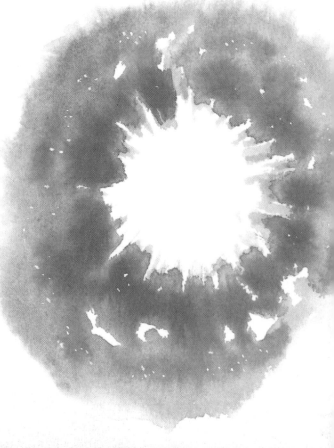

UNE EXPÉRIENCE
Fabrique une carte de l'univers avec des bulles

Les galaxies groupées en amas forment des motifs que les astronomes comparent à la structure des bulles de savon. Tu peux créer un motif semblable.

Il te faut :
- ○ un contenant de yogourt vide
- ○ 125 ml de liquide à vaisselle
- ○ 15 ml de peinture en poudre
- ○ une cuillère
- ○ une paille
- ○ une grande feuille de papier

1. Verse le liquide à vaisselle dans le contenant de yogourt. Ajoute la peinture en poudre et mélange bien.

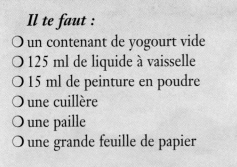

2. Avec la paille, souffle dans le mélange de savon. Continue à souffler jusqu'à ce que des bulles se forment jusqu'au bord du contenant.

3. Dépose délicatement la feuille sur les bulles. N'appuie pas.

4. Retire la feuille et regarde le motif. Imagine que chaque ligne contient des milliers de galaxies. Ça veut dire des milliards d'étoiles!

Cette carte montre le motif formé par 1 065 galaxies, dans une petite partie de l'univers.

Est-ce qu'on pourra un jour voyager vers les étoiles?

Après le Soleil, l'étoile la plus rapprochée de la Terre est Proxima du Centaure. Elle est située à 45 trillions de km. Dans un vaisseau moderne, il faudrait plus de 50 000 ans pour se rendre à Proxima du Centaure.

Les autres étoiles sont situées cent ou mille fois plus loin. Même si on pouvait voyager à la vitesse de la lumière, un voyage vers l'une d'elles prendrait plusieurs vies.

Actuellement, les voyages vers les étoiles n'arrivent que dans les livres et les films de science-fiction. Pourtant, la technologie de l'avenir permettra peut-être de réaliser ce rêve.

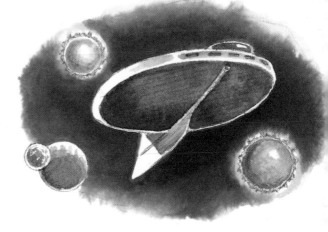

DONNÉES SUR L'ESPACE

En 1900, le plus grand télescope du monde était le télescope de 1 m de l'Observatoire de Yerkes au Wisconsin. Aujourd'hui, le plus grand télescope du monde est le télescope Keck de 10 m à Mauna Kea (Hawaï).

En étudiant la lumière émise par diverses galaxies, Edwin Hubble a découvert, en 1929, que toutes les galaxies s'éloignaient les unes des autres, dans toutes les directions. (Autrement dit, l'univers est en expansion.) En l'honneur de ce célèbre astronome, on baptisa le télescope spatial de son nom Hubble.

En 1999, des astronomes ont découvert trois planètes géantes, en orbite autour de la lointaine étoile Upsilon d'Andromède.

Points de repère

Voici les découvertes marquantes
de la conquête de l'espace.

1610

Galilée utilise un des premiers
télescopes et découvre les
quatre plus grosses
lunes de Jupiter.

1781

William Herschel
découvre Uranus.

1846

Des astronomes de Berlin découvrent Neptune.

1929

Edwin Hubble prouve que l'univers est en expansion.

1930

Clyde Tombaugh découvre Pluton.

1957

L'Union soviétique lance
le premier satellite artificiel,
Spoutnik 1.

1961

Le cosmonaute soviétique Youri Gagarine devient le
premier homme à aller dans l'espace.

1963

La cosmonaute soviétique Valentina Terechkova devient
la première femme à aller dans l'espace.

1969

L'astronaute américain
Neil Armstrong est
la première personne
à marcher sur la Lune.

1974

Mariner 10 explore Vénus et Mercure.

1976

Les sondes *Viking 1*
et *2* atterrissent
sur Mars.

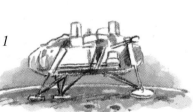

1979

Pioneer 11 survole Saturne.

1981

Columbia effectue la
première mission
d'une navette spatiale.

1986-1989

Voyager 2 survole Uranus et Neptune.

1990

Le télescope spatial Hubble est lancé en orbite autour
de la Terre.

1990

Ulysses est lancé en mission pour étudier le Soleil.

1992

Début de la construction du télescope Keck de 10 m.

1994

La sonde *Galileo* prend
des photos d'une comète
qui heurte Jupiter.

1996

La sonde *Near-Earth Asteroid Rendezvous* (NEAR)
est lancée.

1997

La sonde *Cassini* est lancée pour étudier Saturne
et ses lunes.

1998

Les astronautes commencent à construire la Station
spatiale internationale.

1999

La mission *Stardust* est lancée pour recueillir de la
poussière de comète.

2004

La sonde *Cassini* devrait être lancée pour atteindre
Saturne.

Les humains vivront-ils un jour dans l'espace?

Des astronautes ont déjà vécu pendant plusieurs mois de suite à bord de stations spatiales. Les scientifiques étudient actuellement des projets de colonie sur la Lune, mais elle ne sera pas créée avant longtemps. Les gens rêvent aussi de vivre sur Mars. Certains suggèrent même de modifier l'environnement martien pour le rendre plus semblable à celui de la Terre. Cela semble de la science-fiction, mais tu assisteras peut-être à certaines de ces réalisations.

Quels mystères l'espace nous réserve-t-il encore?

Bien des questions au sujet de l'espace sont encore sans réponse. À quoi ressemble Pluton? Y a-t-il de la vie sur d'autres planètes? Combien y a-t-il de galaxies? L'univers va-t-il poursuivre son expansion indéfiniment? Certains de ces mystères seront peut-être expliqués bientôt. D'autres ne le seront jamais. Comme les gens de l'Antiquité, nous regardons le ciel et nous nous demandons : Qu'y a-t-il dans l'espace?

Glossaire

apesanteur : lorsque les objets et les gens flottent librement dans l'air.

astronome : personne qui étudie les étoiles, les planètes et les autres corps célestes.

big bang : expansion subite du début de l'univers à partir d'un minuscule morceau de matière chaude.

comète : boule de glace et de poussière en orbite autour du Soleil.

concave : recourbé vers l'intérieur; l'intérieur d'un bol est concave.

constellation : groupe d'étoiles qui forment un dessin imaginaire dans le ciel.

convexe : recourbé vers l'extérieur; l'extérieur d'un bol est convexe.

étoile : boule de gaz brûlants qui émet de la lumière.

fusée : appareil propulsé par des gaz qui s'échappent.

galaxie : vaste groupe d'étoiles, de gaz et de poussière maintenus ensemble par la gravité.

gaz : type de matière composée de minuscules particules non reliées les unes aux autres et qui peuvent donc se déplacer librement dans l'espace. L'air est fait de plusieurs gaz.

gravité : force d'attraction invisible qui attire les objets les uns vers les autres.

NASA : agence spatiale américaine.

navette spatiale : vaisseau spatial réutilisable.

noyau : cœur d'une comète ou d'autres objets.

numérique : encodé sous forme de nombres binaires (0 ou 1).

ondes radio : forme d'énergie invisible, souvent émise par les étoiles.

planète : corps céleste de grande dimension en orbite autour d'une étoile, ne produisant pas sa propre lumière.

rayons X : type d'énergie émise par les étoiles.

réfléchir : faire rebondir des ondes lumineuses vers la direction d'où elles ont été émises.

réfracter : faire dévier des ondes lumineuses.

satellite : objet en orbite dans l'espace autour d'un plus gros objet. La Lune est le satellite naturel de la Terre. Une station spatiale est un satellite artificiel.

sonde spatiale : vaisseau robotisé inhabité.

station spatiale : laboratoire spatial en orbite où vivent et travaillent des astronautes, pendant des semaines ou des mois.

univers : tout ce qui existe, y compris des milliards de galaxies.

Voie lactée : galaxie dans laquelle nous vivons. C'est aussi la bande blanchâtre que l'on peut observer la nuit dans un ciel bien noir.

Réponses

Page 19 : pour trouver ton poids sur la Lune, divise ton poids terrestre par 6.

Page 27 : voici ce que tu devrais voir.

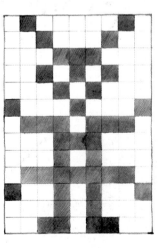

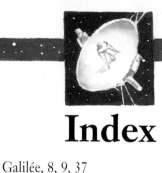

Index